D1124645

Curieux de savoir
AVEC LIENS INTERNET

Table des matières

Le signe @ t'invite à visiter la page
www.dominiqueetcompagnie.com/pedagogie
afin d'en savoir plus sur les sujets qui t'intéressent.

Quand la musique est-elle née?

La musique est née quand les premiers êtres humains
ont sifflé et chanté, sans doute pour imiter le chant
des oiseaux. Ils utilisaient leurs mains, leurs pieds
et différents objets pour reproduire les rythmes
et les sons de la nature. @

Qu'est-ce qu'un rythme? @

Qu'est-ce qu'un son? @

Comment les instruments de musique produisent-ils des sons? @

Qui fabrique les instruments de musique? @

Les musiciens sont capables d'imaginer la musique.
Ils entendent les sons dans leur tête avant de les jouer sur un instrument.
L'histoire que tu vas lire dans les pages suivantes
est celle d'un petit garçon qui rêve de devenir musicien.
Elle remplira ton cœur et ta tête de musique.

Le plus Grand pianiste du monde

Une histoire de Gilles Tibo
Illustrée par Manon Gauthier

La musique remplit ma vie.
Dans ma tête, les chants d'oiseaux
composent des mélodies.
Le vent siffle des complaintes.
Les bruits de la ville résonnent
comme des roulements de tambour.

Le soir, le silence se glisse
dans ma chambre.
Au fond de mon cœur,
les notes d'un piano
m'emportent
au pays
des rêves.

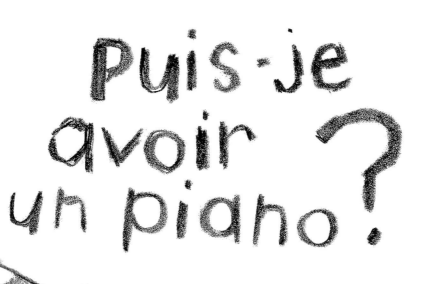

Puis-je avoir un piano?

À chaque anniversaire
et à chaque Noël,
je demande :
— Puis-je avoir un piano?
Mes parents répondent :
— Un piano coûte très cher!
— Un piano prend beaucoup
de place!
— Un piano est très lourd
à déménager!

tant pis !

Je pianote
sur mon lit.

Je pianote
sur le bord
de la baignoire.

Je pianote
sur la table
de la cuisine.

J'ai dessiné les touches
d'un piano sur une planche
de bois. C'est mon clavier.
Je l'emporte partout : au bord
de la mer, au terrain de jeu, au restaurant.
Je suis le plus grand pianiste du monde !

À l'école, les autres
se moquent de moi.
Sauf Mathilde,
qui s'approche et me dit :
— Si tu veux vraiment jouer
du piano, viens à la maison !

Je rêve déjà. Par la fenêtre
de la classe, les nuages
se transforment
en pianos
géants.

Chez Mathilde, un long corridor mène
au salon. Le piano est au fond.
Noir…
Immense…
Immobile…
Silencieux…
Avec mon index,
j'enfonce délicatement
une touche. Un son clair résonne
dans toute la pièce.

J'enfonce deux touches en même temps.
On dirait que le piano prend vie.
Je place alors mes deux mains
sur le clavier et j'enfonce les touches.
Le piano rugit, comme une bête féroce.
Une grosse voix me fait sursauter :
— Mais qui donc fait tout ce vacarme ?

Le père de Mathilde m'observe,
les sourcils froncés.
Mon amie explique que je suis
le plus grand musicien du monde,
mais que je manque de pratique.
Son papa sourit. Il s'assoit au piano,
soulève légèrement les mains
au-dessus du clavier
et se met à jouer.
Ses doigts dansent
sur les touches.

Je n'ai jamais rien entendu
d'aussi beau, d'aussi doux,
d'aussi émouvant. La musique
remplit mon cœur. Elle remplit
le salon, la maison, le jardin
et le ciel au grand complet !

Lorsque le pianiste cesse de jouer,
je reste figé. De grosses larmes roulent
sur mes joues.
Le papa de Mathilde me fait signe :
— Viens t'asseoir à côté de moi.
Il place mes doigts sur le clavier :
— *Do, ré, mi, fa, sol...*

Lentement, il pianote en chantant :
— *Au clair de la lune…*
Je l'imite. Après quelques minutes,
je suis presque capable de jouer
toute la mélodie. Je n'en reviens pas !
C'est le plus beau moment de toute ma vie !

De retour chez moi,
je pratique toute la soirée
sur mon clavier de bois.

Le lendemain, à l'école,
je m'exerce à jouer
sur mon pupitre.

Quand je retourne chez Mathilde,
je joue sur le piano sans me tromper
une seule fois. Son papa est là.
Il me félicite et me propose
d'apprendre une nouvelle mélodie :
— *Frère Jacques, frère Jacques…*
Je joue avec lui. Je voudrais
que ce moment ne cesse jamais !

En rentrant à la maison,
je m'enferme dans ma chambre
pour répéter les deux airs
que j'ai appris. Puis, je décide
de mélanger les notes
afin d'inventer
une nouvelle mélodie.

— TOC ! TOC ! TOC !
C'est ma mère.
Elle s'approche de moi en souriant :
— J'ai une grande nouvelle à t'annoncer !
Le père de Mathilde a téléphoné.
Il veut t'offrir des cours de piano.
Il dit que tu es doué.

Je suis tellement excité
que je n'arrive pas à dormir.
Pendant toute la nuit, je joue,
pour la dernière fois,
sur mon clavier de bois.

Ouvre l'œil !

Sur le clavier du piano, chaque touche produit un son différent.

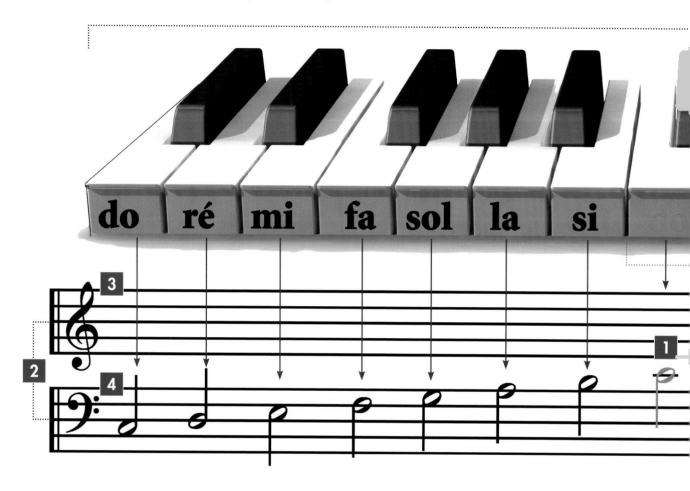

1 Les notes

Chaque son est représenté par une note. Il y a sept notes. De la plus grave à la plus aiguë, ce sont *do*, *ré*, *mi*, *fa*, *sol*, *la*, *si*.

2 La portée

Les notes s'écrivent sur une portée qui comporte cinq lignes et quatre interlignes. De petites lignes supplémentaires sont ajoutées au-dessus ou en dessous de la portée pour écrire des notes comme le *do* grave de la clé de *sol*.

3 La clé de *sol*

Au début de la portée, la clé indique la hauteur des notes. Le dessin de la clé de *sol* commence sur la deuxième ligne. En clé de *sol*, le *sol* se place sur cette ligne.

4 La clé de *fa*

Le dessin de la clé de *fa* commence sur la quatrième ligne. En clé de *fa*, le *fa* trouve sa place sur cette ligne.

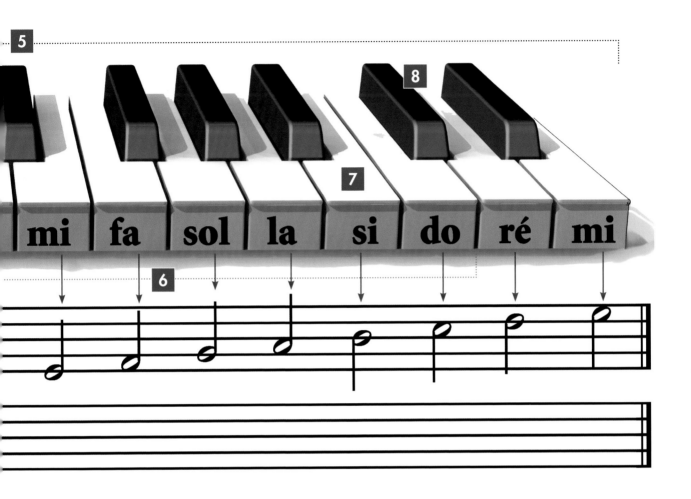

5

mi fa sol la si do ré mi

6

5 Le clavier

La main droite monte vers la droite du clavier pour jouer les notes de la clé de *sol*. La main gauche descend vers la gauche, pour jouer les notes de la clé de *fa*.

6 La gamme de *do* majeur

Sept notes qui se suivent en montant ou en descendant forment une gamme. La gamme de *do* majeur commence par un *do* et se déroule jusqu'au *do* suivant. La distance entre ces deux notes est appelée octave.

7 Les touches blanches

Sur le clavier du piano, les touches blanches reproduisent plusieurs fois la gamme de *do* majeur.

8 Les touches noires

Chaque touche noire produit une note d'un demi-ton plus aigu que la touche blanche qui la précède et d'un demi-ton plus grave que la touche blanche suivante.

Ouvre l'œil ! <small>(suite)</small>

La musique s'écrit sur des feuilles et dans des cahiers appelés partitions.
Le musicien peut jouer une pièce musicale qu'il ne connaît pas en lisant les symboles qui sont inscrits sur la partition. @

Des figures de notes expriment la durée des notes.
La durée des notes se mesure en temps. Le son le plus long dure quatre temps.
Il est représenté par la ronde. La blanche, la noire, la croche et la double croche indiquent des sons de plus en plus courts. @

| ronde | blanche | noire | croche | double croche |

Pendant une pièce musicale, il y a aussi des pauses durant lesquelles aucun son n'est produit.
Les figures de silence expriment la durée de ces pauses.
À chaque figure de note correspond une figure de silence de même durée.
La pause, la demi-pause, le soupir, le demi-soupir et le quart de soupir indiquent des silences de plus en plus courts. @

| pause | demi-pause | soupir | demi-soupir | quart de soupir |

Les partitions sont divisées en sections égales, appelées mesures.

Chaque mesure contient le même nombre de temps.

Chaque temps a la même durée.

À la fin du morceau, on place une double barre de mesure. @

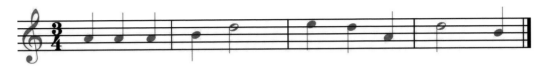

Deux chiffres sont placés à droite de la clé.

Celui du haut précise le nombre de temps par mesure. Celui du bas indique la note qui sert d'unité de mesure pour chaque temps. @

Le dièse, le bémol et le bécarre sont des symboles utilisés pour modifier la hauteur des notes.

Le dièse fait monter la note d'un demi-ton.

Le bémol l'abaisse d'un demi-ton.

Le bécarre annule l'effet du dièse et du bémol.

Ces notes modifiées correspondent généralement aux touches noires du piano. @

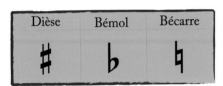

Dièse	Bémol	Bécarre
♯	♭	♮

Des signes indiquent au musicien qu'il doit augmenter ou diminuer progressivement l'intensité.

crescendo	diminuendo

Des lettres lui signalent qu'il doit jouer plus ou moins fort.

Très Doucement	Doucement	Assez Doucement	Assez Fort	Fort	Très Fort
pp	*p*	*mp*	*mf*	*f*	*ff*

Les héros de la musique

Bach, Chopin, Beethoven et Mozart figurent parmi les nombreux héros de la musique classique.

Ces grands compositeurs ont tous quelque chose en commun.

Ils ont appris très jeunes à jouer d'un instrument. Ce sont des modèles pour les enfants qui aiment la musique. @

À quatre ans, Wolfgang Amadeus Mozart savait déjà jouer du violon et du clavecin.
Né en Autriche en 1756, Mozart a composé sa première pièce musicale à l'âge de six ans. À sept ans, il donnait des concerts dans toute l'Europe. Au cours de sa vie, il a écrit plus de 600 œuvres musicales ! @

clavecin :
le clavecin ressemble au piano, mais son mécanisme est différent.

Alain Lefèvre était aussi âgé de quatre ans la première fois qu'il s'est assis au piano.
Ce pianiste et compositeur québécois est né en 1962. À six ans, il donnait son premier récital.

Le talent prodigieux d'Alain Lefèvre est reconnu aux quatre coins du monde. Chaque année, il rencontre des milliers d'enfants. Il joue pour eux des œuvres de Mozart et leur raconte l'histoire d'André Mathieu. @

Le petit Mozart canadien.

André Mathieu est né à Montréal, en 1929.
C'était un enfant **précoce**. Il a dit ses premiers mots
à l'âge de quatre mois et il a fait ses premiers pas
avant d'avoir sept mois. À quatre ans, il signait
son premier contrat pour jouer du piano en public.

précoce :
un enfant précoce se développe plus rapidement
que les autres enfants de son âge.

**Dans la tête d'André Mathieu,
les notes de musique dansaient.**

Durant son enfance, ce garçon
a accompli des exploits musicaux
étonnants. À trois ans, il jouait au piano
sa première composition intitulée
Les petits canards. À cinq ans, il avait
déjà composé plusieurs œuvres
pour piano et à six ans, il jouait
ses compositions en public.
Son père transcrivait ses partitions.

**Pendant les années qui ont suivi, André Mathieu
a étudié le piano et la composition musicale
à Paris et à New York.**

Il a composé de nombreuses œuvres dont le *Concerto
de Québec*. À 13 ans, il remportait le premier prix
d'un concours pour jeunes compositeurs organisé
par l'Orchestre philharmonique de New York. @

La voix des instruments

Tu peux apprendre à jouer d'un instrument simplement pour le plaisir.
Chaque instrument possède une forme et un **timbre** qui permettent de le reconnaître. À toi de choisir celui qui deviendra peut-être ton compagnon pour la vie.

> **timbre :**
> le son particulier que produit un instrument est appelé timbre.

Que penses-tu du piano ?
Avec sa voix riche et mélodieuse, le piano peut transmettre toutes les émotions. @

C'est facile d'apprendre à jouer du xylophone !
Les lames de bois ou de métal du xylophone produisent des sons qui rebondissent joyeusement quand tu les frappes avec un petit maillet. @

Flûte à bec ou flûte traversière ?
La flûte est l'un des plus anciens instruments inventés par l'homme. Les sons doux et mystérieux qu'elle produit invitent à rêver. Son chant lumineux est aussi associé à celui des oiseaux et au langage des fées. @

La trompette est toujours de la fête !
Le son clair et victorieux de la trompette résonne gaiement pour célébrer les événements heureux de la vie quotidienne. @

Quand le violon chante, tout le monde a envie de danser. Mais le violon peut aussi pleurer. Sa voix est celle qui se rapproche le plus de la voix humaine. @

Le son du violoncelle est plus grave et plus puissant que celui du violon.
Quel plaisir de se laisser bercer par son chant apaisant et sa chaleur réconfortante !

À l'école, on apprend à découvrir la voix des instruments.
Dans les écoles musicales, une grande partie du temps en classe est consacré à l'enseignement de la musique et à l'apprentissage d'un instrument. @

Imagine

Te souviens-tu de la première musique
que tu as entendue ?

Bien avant ta naissance, dans le ventre
de ta maman, les battements de son cœur
résonnaient comme le chant d'un tambour :
boum, boum, boum, boum…

**Les berceuses sont les premières chansons
que les parents fredonnent à leur bébé.**
De grands musiciens ont composé des mélodies
pour bercer les enfants : Brahms, Schubert,
Mozart. Mais la plupart des berceuses sont
des airs très anciens. On ne connaît pas
leur origine. @

Quel plaisir de chanter des comptines !
Au rythme de la musique, tu peux frapper dans tes mains, inventer des gestes,
associer des jeux et même exécuter des pas de danse. @

La musique a donné naissance
à de magnifiques spectacles de danse.
Le compositeur Pierre Tchaïkovski s'est inspiré
d'un conte de Noël pour écrire la musique
du ballet *Casse-Noisette*. La version créée
par les Grands Ballets Canadiens met en scène
150 personnages dont 90 danseurs ! @

Dans le conte *Pierre et le loup*,
les personnages sont joués
par des instruments de musique.
Ce conte musical a été écrit par Serge
Prokofiev. Il permet aux enfants
de reconnaître quelques-uns des instruments
qui composent l'orchestre. @

Le chef d'orchestre doit lire en même temps
les partitions de tous les musiciens qu'il dirige !
Il se sert de son corps tout entier pour leur indiquer
comment interpréter la musique et jouer en parfaite harmonie.
Les musiciens sont très attentifs aux mouvements
du **maestro** et aux expressions de
son visage. @

maestro :
le chef d'orchestre porte aussi
le nom de maestro.

29

Des jeux pour observer

Deux cailloux

Une cuiller de bois

Un son se cache dans chacun de ces objets. Pour le découvrir, amuse-toi à les transformer en instruments de musique.

Une bouteille

Frappe !

Les percussions sont des instruments qu'on frappe.

- Frappe les cailloux l'un contre l'autre.
- Compare les sons produits par la boîte de carton et la boîte de conserve quand tu tapes dessus avec la cuiller de bois.
- Sers-toi de ces percussions pour reproduire des rythmes : le tic-tac d'une horloge, le pas d'un cheval, la pluie qui tombe.

Souffle !

Les instruments à vent produisent des sons quand on souffle contre leur ouverture.

- Remplis à moitié d'eau la bouteille de plastique.
- Place tes lèvres au-dessus de l'ouverture et souffle comme si tu voulais éteindre une bougie.
- Ajoute ou enlève un peu d'eau et compare les sons ainsi produits quand tu souffles à nouveau.

Une boîte
de carton

Un cintre

Une boîte
de conserve

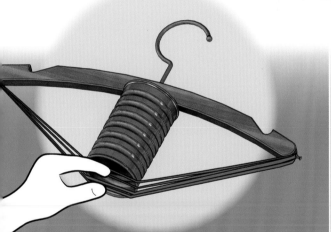

Pince et frotte !

Les instruments à cordes produisent des sons quand on pince ou qu'on frotte leurs cordes.

- Insère une punaise à chaque bout du cintre de bois.
- Accroche deux élastiques de grosseurs différentes entre les deux punaises.
- Place la boîte de conserve entre le cintre et les élastiques.
- Compare les sons produits par ton instrument quand tu pinces les cordes avec tes doigts et quand tu les frottes avec le manche de la cuiller de bois.

Chante !

Ta voix est le plus parfait des instruments.

- Presse doucement le bout de tes doigts sur ta gorge pendant que tu chantes. Tu sentiras tes cordes vocales vibrer comme celles d'un violon.
- Compare ta voix quand tu chantes en pinçant ton nez et quand tu places la boîte de conserve devant ta bouche.
- Chante en t'accompagnant avec les instruments que tu as fabriqués.

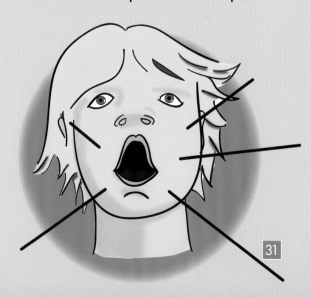

Vérifie ce que tu as retenu

Réponds par VRAI ou FAUX aux affirmations suivantes.
(Sers-toi du numéro de page indiqué pour vérifier ta réponse.)

1 Au début de la portée
la clé indique la durée
des notes.
PAGE 20

2 La musique s'écrit
sur des feuilles
et dans des cahiers
appelés partitions.
PAGE 22

3 Le dièse fait baisser
la note d'un demi-ton.
PAGE 23

4 André Mathieu
était surnommé
le petit Mozart
canadien.
PAGE 25

5 Le son du violoncelle
est plus aigu que celui
du violon.
PAGE 27

6 De grands musiciens ont composé
des mélodies pour bercer les enfants :
Brahms, Schubert, Mozart.
PAGE 28

7 Dans *Pierre et le loup*,
les personnages sont joués
par des instruments de musique.
PAGE 29

Réponses : 1 FAUX 2 VRAI 3 FAUX 4 VRAI 5 FAUX 6 VRAI 7 VRAI

Catalogage avant publication de Bibliothèque et Archives Canada

Roberge, Sylvie, 1955

La musique

(Curieux de savoir avec liens Internet)

Comprend un index.

Sommaire : Le plus grand pianiste du monde ! / texte de Gilles Tibo ; illustrations de Manon Gauthier.

Pour enfants de 6 ans et plus.

ISBN 978-2-89512-628-7

1. Musique-Ouvrages pour la jeunesse. 2. Musique-Romans, nouvelles, etc. pour la jeunesse. I. Gauthier, Manon, 1959- . II. Tibo, Gilles, 1951- . Le plus grand pianiste du monde ! III. Titre. IV. Collection : Curieux de savoir.

ML3928.R638 2008 j780 C2008-940382-7

Direction artistique, recherche et texte documentaire, liens Internet : Sylvie Roberge

Révision et correction : Corinne Kraschewski

Graphisme et mise en pages : Dominique Simard

Illustration du conte, de la première de couverture, dessins de la table des matières et des pages 2, 24, 28 (milieu), 29 : Manon Gauthier

Dessins des pages 20, 21, 22, 23, 28 (haut, bas), 30, 31 : Guillaume Blanchet

Photographies :

© Caroline Bergeron, photographe, page 24 (bas, A.L. adulte)

© Alain Lefèvre/collection personnelle, page 24 (bas, A.L. enfant)

© Éric Le Reste/collection personnelle, page 25

© John Hall/Danseurs : Callye Robinson et Jesus Corrales, page 29 (haut)

© Martine Doyon, page 27 (milieu à droite)

© Mario Simard, page 24 (haut)

© Romi Caron, page 26 (haut)

© Sylvie Roberge, pages 22, 26 (milieu, bas), 27 (haut, milieu à gauche, bas), 29 (bas)

L'éditeur remercie Jean-François Rivest, chef d'orchestre en résidence à l'Orchestre symphonique de Montréal, pour sa précieuse collaboration, ses conseils judicieux et la validation du contenu de cet album. Un merci particulier s'adresse aussi à Georges Nicholson pour la validation du texte concernant André Mathieu ainsi qu'à Alain Lefèvre, pianiste et compositeur émérite, à Johanne Martineau et à Éric Le Reste qui ont appuyé cet ouvrage et généreusement fourni des photographies puisées dans leur collection personnelle.

Nous remercions le Conseil des Arts du Canada de l'aide accordée à notre programme de publication.

Nous reconnaissons l'aide financière du gouvernement du Canada par l'entremise du Programme d'aide au développement de l'industrie de l'édition (PADIÉ) pour nos activités d'édition.

Nous reconnaissons l'aide financière du gouvernement du Québec par l'entremise du Programme de crédit d'impôt pour l'édition de livres – SODEC – et du Programme d'aide aux entreprises du livre et de l'édition spécialisée.

© Les Éditions Héritage inc. 2009

Tous droits réservés

Dépôt légal : 1er trimestre 2009

Bibliothèque et Archives du Québec

Bibliothèque nationale du Canada

Dominique et compagnie

300, rue Arran, Saint-Lambert (Québec) J4R 1K5

Téléphone : 514 875-0327 ; télécopieur : 450 672-5448

Courriel : dominiqueetcompagnie@editionsheritage.com

Imprimé en Canada

10 9 8 7 6 5 4 3 2 1

Aucune édition, impression, adaptation ou reproduction du contenu de cet ouvrage, par quelque procédé que ce soit, tant électronique que mécanique, en particulier par photocopie ou par microfilm ne peut être faite sans l'autorisation écrite de l'éditeur.